L'AFRIQUE DU NORD

DEVANT LES CIVILISATIONS ANCIENNES

PAR LE

Docteur CARTON,

Médecin-Major au 19ᵉ Chasseurs à cheval,
Correspondant du Ministère de l'Instruction publique,
Chargé d'une mission archéologique en Tunisie.

LILLE,
IMPRIMERIE L. DANEL.

1892.

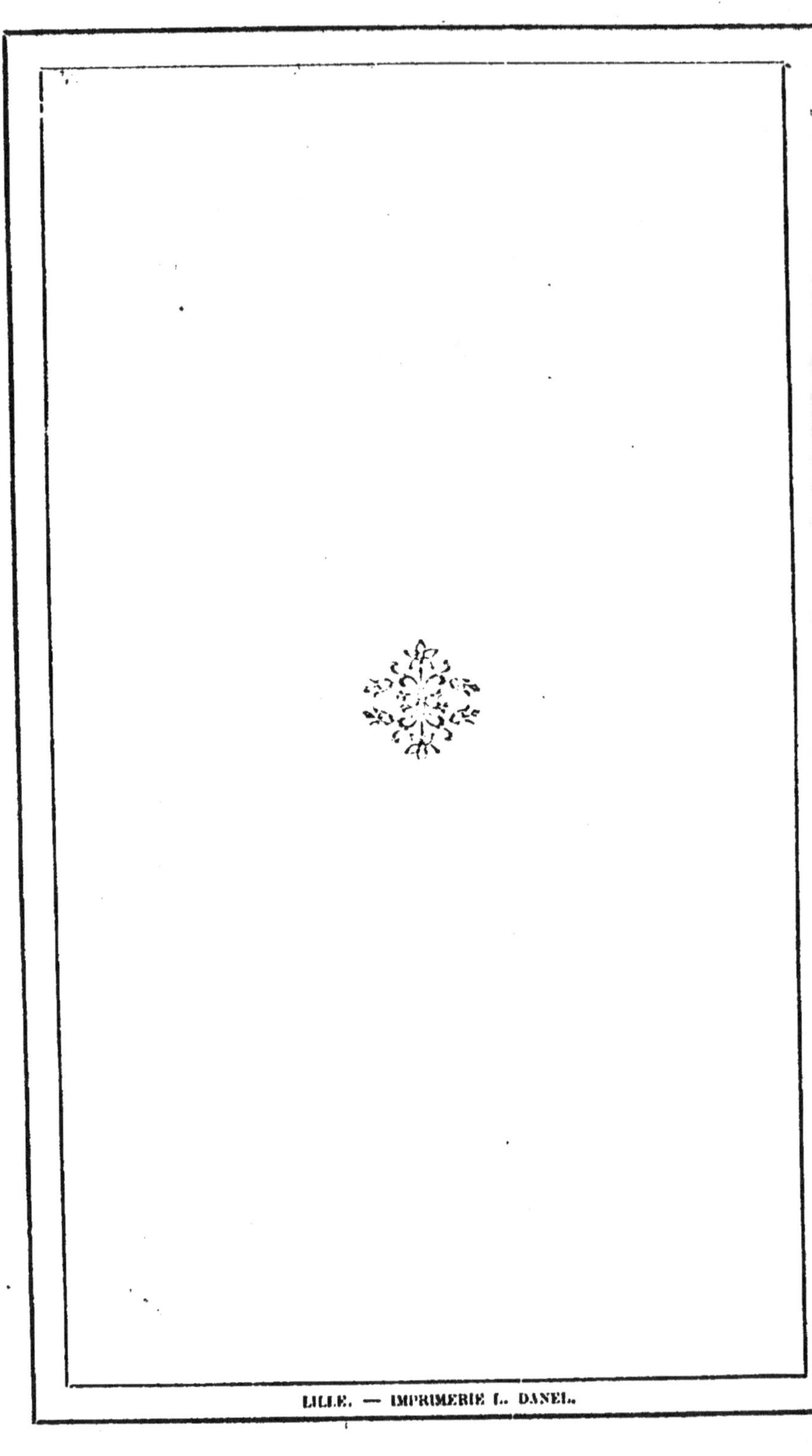

L'AFRIQUE DU NORD

DEVANT LES CIVILISATIONS ANCIENNES

PAR LE

Docteur CARTON,

Médecin-Major au 19ᵃᵉ Chasseurs à cheval,
Correspondant du Ministère de l'Instruction publique,
Chargé d'une mission archéologique en Tunisie.

LILLE,
IMPRIMERIE L. DANEL.

1892.

L'AFRIQUE DU NORD

DEVANT LES CIVILISATIONS ANCIENNES

Par le Docteur CARTON.

Médecin-Major au 19ᵃᵉ Chasseurs à cheval,
Correspondant du Ministère de l'Instruction publique,
Chargé d'une mission archéologique en Tunisie.

L'Afrique du Nord est, sans contredit, une des contrées de l'ancien monde dont les habitants ont subi les vicissitudes les plus diverses.

Quand on étudie son évolution à travers les temps historiques, on est frappé de la facilité avec laquelle une partie des races autochtones a accepté plusieurs dominations successives, alors que de nos jours les efforts que nous avons tentés pour les coloniser sont restés long-temps stériles.

Je veux précisément vous montrer ici le contraste que forme actuellement cette résistance des populations africaines avec la malléabilité dont elles ont fait preuve autrefois vis à vis de maîtres si différents d'elles par leur origine, par leur religion et par leurs mœurs. Je veux rechercher avec vous si cette précieuse qualité a complètement disparu chez leurs descendants.

La mer, sur le rivage de laquelle ils vivent a été, dès la plus haute antiquité, sillonnée par les vaisseaux des hardis marins sémitiques colportant avec les produits de leur commerce les mœurs et les usages d'une nation policée. La saillie que forme cette contrée à l'intérieur de la Méditerranée les invitait à y faire escale, tandis que la richesse du sol et l'abondance de ses produits les incitaient à y établir des comptoirs.

Tous ceux qui ont visité l'Afrique savent quelle en est la fertilité, quelles en sont les ressources. Et cependant, l'état de choses actuel ne donne qu'une bien faible idée de son antique richesse ! Comment sa prospérité aurait-elle pu résister à 1300 ans d'occupation musulmane par des peuples pasteurs, c'est-à-dire par ceux qui font autour d'eux les solitudes vastes et dénudées, chères à leurs troupeaux ?

On verra tout à l'heure le peu d'importance qu'a l'élément arabe vis à vis de la population tunisienne. A ce point de vue, la Régence est mieux partagée que l'Algérie. D'autre part, sa forme est à peu près celle d'une presqu'île, son rivage est découpé et sinueux, des iles nombreuses l'avoisinent. Il en résulte que la largeur et la surface de la zone littorale sont, relativement à toute l'étendue du pays, bien plus considérables que dans les provinces occidentales. D'ailleurs, même à l'époque où le fanatisme musulman a isolé de l'Europe une partie de l'ancien monde, ses nombreux ports, si bien situés, ont été des brèches constamment ouvertes dans la barrière élevée autour de l'Afrique. De tous temps, les nations riveraines de la Méditerranée y ont envoyé des commerçants avec lesquels sa population vivait en un contact journalier.

Ce sont ces avantages qui m'ont poussé à étudier tout particulièrement la Tunisie dans ce travail.

De plus, on tente chez elle en ce moment de sérieux efforts pour réveiller dans les races qui la peuplent des aptitudes à la civilisation, qui, je vais chercher à le démontrer, ne font que sommeiller.

J'essaierai, en examinant ce qu'a été la Tunisie dans le passé, de savoir ce qu'elle peut devenir. De cette façon je pourrai, en terminant, me placer sur un terrain où, le programme de ce Congrès aurait suffi à nous l'apprendre, les géographes aiment à se rencontrer et rechercher quelles ressources offre le champ ouvert en cette région, à l'activité colonisatrice de notre pays.

La zone, d'une si grande fertilité, comprise entre le Sahara et la Méditerranée, est peuplée par des races bien distinctes de la race arabe, qu'on les désigne comme le fait celle-ci sous le nom de Berbères, ou sous le nom de Kabyles, de Zouaouas, etc...

Les anciens les distinguaient bien, ce sont elles qu'Hérodote appelait du nom Libyens et les historiens romains de celui Numides ou de Gétules.

Leur langue était le libyque dont on rencontre tant de documents gravés sur la pierre. Les Touaregs la parlent encore de nos jours, et les caractères dont ils se servent sont les mêmes que ceux des antiques inscriptions.

La civilisation de ces tribus était rudimentaire. Elle n'avait pas dépassé l'âge de la pierre et nombreuses sont, en Afrique, les stations où l'on rencontre les pointes de flèches et les éclats de silex de leurs ateliers. On sait que la mission Flatters en a trouvé jusque dans le massif des Hoggars.

L'impulsion qui accéléra brusquement l'évolution de ces peuples leur est venue par cette Méditerranée qui, comme l'a écrit Tissot, a été le centre et l'agent principal du développement du monde antique.

Il en est résulté, dans la destinée de l'Afrique, un phénomène capital qui dure encore de nos jours, sa cause n'ayant pas disparu. Une scission rapide et profonde s'opéra entre les tribus du littoral et celles de l'intérieur, ces dernières demeurant à l'écart de tout progrès, celles-là influencées par d'incessantes relations pacifiques, commerciales ou belliqueuses, qui les poussaient à acquérir des produits de pacotille ou à élever leur outillage guerrier à hauteur de celui des peuples navigateurs.

A l'époque romaine cette différence était déjà bien prononcée, Salluste nous l'apprend. Il distinguait déjà les Libyens, race voisine de la mer et policée, des Gétules, population plus grossière.

On s'est en général très peu occupé de cette partie des races anciennes de l'Afrique. A cause de leur caractère paisible, l'histoire n'a eu que rarement à en enregistrer les exploits. De là cette impression générale que les populations indigènes de l'Afrique ont de tous temps été en lutte avec les peuples civilisés. On oublie trop, à mon sens, qu'à côté des Gétules, des Maures, de ces montagnards toujours prêts à prendre les armes ont vécu de nombreuses tribus agricoles. Se souciant peu du maître qui les dominait, celles-ci ne demandaient qu'à cultiver en paix le sol où elles avaient vécu depuis des siècles. Un tel contraste existait il y a très peu de temps encore entre les populations toujours soumises aux beys et celles où une armée devait, chaque année, aller lever les impôts.

Les Sémites établis dans les comptoirs de la côte étendirent leur influence bien au loin dans l'intérieur, soit immédiatement, soit même, fait assez curieux, ultérieurement, à la suite des armées romaines. Nous verrons plus loin combien s'étaient répandues la religion et la langue puniques.

Les conquérants romains et arabes paraissent avoir introduit dans le sang indigène un élément plus important. Mais cette fusion fut loin d'être à l'avantage du vainqueur.

Ici, comme dans tous les pays où le peuple envahisseur a été peu nombreux, est intervenue une loi ethnologique bien connue. Tout en exerçant certaines modifications sur les populations indigènes, les nouveaux arrivés se laissent influencer par elles. Ils doivent, pour ne pas succomber à l'action d'un milieu nouveau, se plier aux exigences du climat, en adoptant la façon de vivre que plusieurs siècles de luttes pour l'existence ont imposée aux peuples aborigènes.

Laissant de côté les invasions peu importantes ou peu connues des premiers temps comme celles des Ibères, des Kouchites, des Hellènes, je m'occuperai de celles qui ont eu le plus de retentissement, et dont l'action exercée sur les autochtones nous est accessible.

Bien avant l'établissement des comptoirs phéniciens sur les côtes de l'Afrique, des peuples de race sémitique y auraient noué des relations et fondé des colonies. C'est aux environs du XVI⁰ siècle avant notre ère qu'il faudrait faire remonter l'arrivée des Cananéens.

La façon en général pacifique dont ces commerçants se sont présentés aux populations Berbères, les avantages qu'ils leur offraient en important chez elles des produits imparfaits sans doute, mais supérieurs à ceux qu'elles produisaient, ont dû rendre faciles leurs relations. Quand les navigateurs phéniciens se sont présentés, ils ont trouvé des peuples tout préparés à les accueillir, appréciant leur industrie et connaissant leur langue.

Tant que l'ambition démesurée de Carthage ne porta point ombrage aux Libyens, ceux-ci, ne craignant point pour leur indépendance, vécurent en bonne intelligence avec elle. Le pays atteignit à cette époque, un degré de prospérité qui ne fut peut-être point dépassé dans les trois siècles de tranquillité relative que lui valut l'administration de Rome.

Il fallut les excitations de cette dernière puissance, intéressée à susciter des embarras à sa rivale, pour engendrer, à l'époque des guerres puniques, une inimitié qui poussa les Africains à prendre les armes contre Carthage. Encore, l'agitation vint-elle surtout de la montagne, de chez les Gétules, restés réfractaires à la civilisation.

A la chute retentissante de Carthage succéda une ère de paix. La population libyenne, heureuse et reconnaissante de la prospérité que lui valait l'administration romaine, consentit sans peine à payer les impôts énormes que lui infligeait l'Italie.

Au temps d'Auguste, l'Afrique fournissait à Rome les deux tiers de sa consommation de blé, c'est-à-dire, suivant l'historien Josèphe, environ 40 millions de *modius* (Le modius vaut 1 décalitre) (1).

---

(1) Voir à ce sujet le livre de M. Cagnat intitulé : *L'Armée de l'Afrique romaine.*

Les Africains vécurent côte à côte avec les Romains, ouvrant leur panthéon à leurs divinités, adoptant leurs usages, élevant des monuments à la gloire des empereurs et abandonnant même les noms de leurs ancêtres pour prendre ceux des familles italiennes.

L'occupation toute militaire des Vandales et des Grecs n'apporta à cette situation d'autre modification que l'écœurement causé par une période de troubles, durant laquelle leurs maîtres ne savaient protéger ni les récoltes ni les habitations.

Et cependant les Libyens étaient tellement romanisés qu'ils essayèrent de défendre l'empire auquel ils avaient dû de si longues années de paix. Quand vinrent les Arabes, ils tentèrent à plusieurs reprises de les chasser de l'Afrique.

C'est alors que, sous les ordres d'une femme d'origine berbère, Damyah, ils se réunissent en 689, pour tenter de resaisir Carthage et Tunis, dont les Grecs s'étaient enfuis, et infligent plus d'une sanglante défaite aux Musulmans. En 739, un autre Berbère, Maysarah, suscite une révolte qui n'eut pas plus de succès. Mais la population indigène se laissa envahir par le découragement et par le mépris pour ses maîtres impuissants. Elle fit comme ces autres Libyens qui, dès 665, refusèrent de payer aux Grecs un impôt inutile, et appelèrent les Musulmans, espérant trouver enfin, sous ces nouveaux maîtres, la paix que ne pouvait plus leur assurer Constantinople.

Malheureusement, cette grande malléabilité qui, nous l'avons vu, leur fit accepter facilement les influences puniques ou romaines, fut cause de la déchéance de leur pays. Malgré le petit nombre de Musulmans qui restèrent au milieu d'eux, ils en adoptèrent rapidement les mœurs et la religion.

De ce court exposé, je retiendrai seulement ceci : Au milieu des vicissitudes traversées par l'Afrique et tandis que les Gétules rebelles à toute domination se retranchent derrière les montagnes, les Libyens, race essentiellement souple, demeurent attachés au sol, et acceptent n'importe quel conquérant, à condition que celui-ci les gouverne avec assez de modération pour leur laisser l'aisance et leur procurer la sécurité.

Ce n'est pas l'histoire seulement qui nous montre cette malléabilité de la race Berbère. Les belles ruines qui couvrent l'Afrique et qui en font presque une rivale de l'Italie, offrent à chaque pas des preuves de la pénétration que ces peuples ont subie, de la facilité avec laquelle ils se sont pliés aux influences étrangères.

Au cours des recherches archéologiques que j'ai faites en Tunisie, j'ai eu maintes fois l'occasion de vérifier ce fait. Voici quelques-unes des observations qui ont le plus puissamment contribué à affermir ma conviction.

Il est certain que parmi les institutions les plus profondément enracinées dans le cœur humain, la religion est une des plus tenaces. Quand on la voit se transformer et se modifier, on peut en conclure que chez le peuple où ce phénomène se produit, les autres institutions subissent une évolution analogue.

Toutes les religions qui en sont aux premières phases de leur évolution, ont une tendance à personnifier les éléments. Les anciens Libyens rendaient hommage aux astres ou aux divinités des eaux, des arbres, des sources, des fleurs, des rochers et des bois.

L'entrée des dieux romains dans leur panthéon ne fit pas grand tort aux poétiques divinités, et nombreux sont les textes qui rappellent les noms de ces génies, comme on disait à l'époque romaine.

Point n'est besoin d'une grande érudition pour reconnaitre dans leurs appellations et malgré la forme latine du texte, l'origine de dieux tels qu'*Aulisva, Motmanius, Gilva, Bacax, Sesase*. Ces noms ne sonnent-ils pas aux oreilles de façon assez étrange pour qu'il soit impossible de se méprendre sur leur origine africaine ?

On trouve même, dans certains textes, les noms de divinités libyennes juxtaposés à ceux de divinités romaines. Une inscription de Lambèse porte la dédicace aux dieux *Motmanio et Mercurio*. Si ces divinités devaient être quelque peu étonnées en se voyant ainsi rapprochées, de telles inscriptions sont un exemple saisissant de la façon dont se sont pénétrées les deux religions. Ne se contentant pas de cette concession faite au culte des maîtres, le Berbère qui rendait hommage à leurs dieux avait abandonné le nom de ses ancêtres. Il s'appelait tout comme un italien, Q. Manlius Victor, et avait même pris du service dans l'armée, où il était centurion.

Les Berbères n'avaient pas, d'ailleurs, attendu l'arrivée des Romains pour enrichir leur religion par des emprunts faits aux cultes étrangers.

Les Phéniciens ont laissé d'innombrables traces de leur culte sur des monuments sculptés.

Les emblèmes lunaires et solaires, que l'on retrouve dans toutes les religions sémitiques, et que par une coïncidence toute naturelle l'Islamisme a remis en honneur en Tunisie, s'y rencontrent à chaque pas.

L'exemple le plus frappant d'une divinité phénicienne, restée très répandue à l'époque romaine, grâce à une fusion du genre de celles que je viens de vous indiquer, nous est fourni par le culte rendu à Baal Hammon. Ce dieu était adoré en Afrique sous les vocables les plus divers, depuis celui de Jupiter Ammon jusqu'au nom romain de Saturne.

Tertullien a même remarqué qu'aucune divinité n'était plus chère aux Africains : *Autre Saturnum deus penes vos nemo est* (1).

Or, Saturne a été de bonne heure confondu en Afrique avec le Baal des Orientaux.

Beaucoup de ruines, que ce soient celles d'une ville opulente ou celles d'un modeste bourg, présentent les restes de monuments élevés à ce dieu, depuis la simple stèle jusqu'aux temples les plus vastes. On a trouvé à Aïn Tounga un sanctuaire considérable, renfermant plus de 400 stèles votives sur lesquelles, au-dessus d'une dédicace de forme romaine, on trouve des emblèmes sémitiques : le triangle sacré, figuration de Tanit, et des rosaces, des disques, des croissants.

Aux portes de Tunis même, M. Touttain a exploré, tout au sommet d'une montagne, un sanctuaire très important et qui a dû être très riche. Les stèles votives portaient le nom de la divinité : *Saturnus Balcaranensis.* Ce dernier surnom ne suffirait-il pas à lui seul à révéler le mélange des deux cultes, *Saturnus* étant le nom romain, et *Balcaranensis* signifiant en punique le Baal de la montagne aux deux cornes (2).

J'ai eu moi-même l'occasion de fouiller à Dougga l'édifice le plus monumental peut-être qui ait été élevé à ce dieu en Afrique. Un des principaux résultats de mes recherches a été de démontrer que, jusque dans le plan du monument et le travail de ses matériaux, a régné la préoccupation de tenir compte à la fois du dispositif et de l'ornementation employés dans les deux religions. En outre, à côté d'une très longue inscription contenant une dédicace à un empereur romain, Septime-Sévère, j'ai trouvé des stèles portant l'emblème de Tanit.

Ce qu'une race aussi malléable a fait pour sa religion, elle a dû le

---

(1) Apologet 10. V. Berger et Cagnat. Un Sanctuaire de Saturne. *Bull. Arch* 1889, N° 2. p. 207.

(2) Cette montagne a encore le même nom : Djebel bou Kornein

faire pour ses autres institutions. Examinons, pour nous en rendre compte, ce qu'est devenue chez lui une tradition très tenace chez tous les peuples, celle qui a trait au mode de sépulture.

J'ai pu méditer cette question tout à mon aise au cours de fouilles que j'ai dirigées deux ans de suite dans la nécropole de Bulla-Régia. J'ai ouvert près de 600 tombes renfermant un mobilier qui a été exposé en 1889 à la section tunisienne.

Là, sur des monuments en forme de demi-cylindres, mode incontestablement importé d'Orient par les Phéniciens, on trouve les formules funéraires dont se servaient invariablement les Romains, le *dis Manibus sacrum* et le *hic situs est*. Mais en revanche, on voit au-dessus les emblèmes de Tanit et de Baal. Une partie des Berbères avait donc abandonné, dès l'époque romaine, le mode ancien de sépulture par les mégalithes.

Sur ces tombes de forme phénicienne à emblèmes orientaux, on lit des inscriptions en langue latine qui, dans toute l'Afrique comme à Bulla, renferment de nombreux noms d'origine libyque ou phénicienne : Zaba, Baliao, Namphamo, Laric, Berect, Bericthal, Birzil. La consonnance de tous ces noms est, vous le constatez, bien caractéristique.

A El Goléa, j'ai trouvé l'an dernier une stèle sur laquelle on lit :

FAUSTINA, GEMELLI BERECT FILIA.

Faustina, qui n'a qu'un nom purement romain, était fille de *Gemellus Berect*, qui a un surnom berbère.

Cet exemple, nous montre la façon dont procédaient les familles indigènes, désireuses de se confondre avec les familles d'origine romaine établies parmi elles. A la première génération, elles adjoignaient à leur nom berbère un surnom romain, et il est probable que son possesseur cherchait à se faire désigner surtout par ce dernier.

Le fils de celui-ci, ou si la transition n'était pas assez préparée, l'un de ses descendants, prenait un nom romain et il ne restait plus trace de son origine.

On a vu en outre tout à l'heure que beaucoup d'indigènes prenaient des fonctions dans l'armée ou l'administration.

Mais il ne leur suffisait pas de s'être rapprochés du vainqueur en lui empruntant sa religion, ses rites funéraires, son onomastique et sa langue. Ils adoptaient encore ses mœurs les plus intimes. Tous ces petits objets de toilette et de mobilier que j'ai trouvés dans les tombes des indigènes romanisés de Bulla-Regia le prouvent surabondamment.

Quand arriva l'invasion musulmane, la population du littoral de l'Afrique était tellement assimilée qu'elle fit, on l'a vu, de grands efforts pour l'arrêter et soutenir le monde romain chancelant.

Le flot de tous ces conquérants qui, à différentes reprises, s'est précipité sur le sol africain, n'est pas parvenu à en arracher ou à en submerger les premiers habitants.

Les Arabes vrais ne firent d'ailleurs que traverser tout d'abord l'Afrique romaine.

C'est seulement au XI° siècle que les Hilaliens s'y fixèrent.

Une fois les Musulmans établis, les Libyens agirent vis à vis d'eux comme ils avaient fait pour leurs autres maîtres, adoptant la religion et les mœurs du conquérant.

Celui-ci était peu nombreux, et une partie des éléments qui le composaient disparut. Le reste se juxtaposa aux indigènes sans s'y mêler, et les anthropologistes en reconnaissent encore très bien les descendants, qui sont loin de former, je l'ai montré, un des éléments les plus importants de la population tunisienne.

Mon ami le docteur Bertholon, un des auteurs les plus compétents en la question, a émis cette opinion (1) qu'il y a actuellement peu d'Arabes caractérisés en Tunisie. Tout·dernièrement, il m'écrivait encore ceci : « En dehors de quelques groupes très rares, les races arabes ont été complètement absorbées par le fonds berbère, même chez les tribus qui se prétendent venues d'Arabie.... Les plus importantes tribus, relativement nomades, ou vivant sous la tente, se disent berbères ».

Ceci doit être entendu au point de vue anthropologique.

Il est incontestable, en effet, qu'à la surface, par le vêtement comme par beaucoup de ses coutumes (mais non par toutes), la population actuelle paraît arabisée.

Encore, en ce qui concerne la religion, relève-t-on chez un certain nombre de tribus des rites qui n'ont rien de commun avec le culte musulman. Telle cette coutume d'immoler un mouton sur la tombe d'un saint. Ce mode relève bien plus, comme le fait judicieusement remarquer M. Bertholon, de l'ancienne religion libyenne.

____

(1) Exploration anthropologique de la Khoumirie. *Bull. de géog. hist. et descrip.*, 1891, N° 4.

Beaucoup de ces santons sont même réputés posséder des pouvoirs, tel que celui de guérir les maladies et autres, que les anciens attribuaient à leurs divinités locales, à leurs génies.

Si les caractères anthropologiques sont conservés, tout le fonds intellectuel et moral de l'individu doit l'être aussi. C'est là ce qui, pour le moment, m'importe le plus.

Un des écrivains qui connaissaient le mieux l'Afrique, Tissot, a émis une opinion qui corrobore absolument celle du D' Bertholon : « La plus grande partie de la zone septentrionale (de l'Afrique, celle qui renferme la Libye) correspond, a-t-il écrit, au beylick de Tunis et au Sahel algérien ».

De ce qui précède, il résulte donc que presque toute la Tunisie est habitée par une population qui, à peu d'exceptions près, a toujours vu de bon œil la civilisation indo-européenne, de quelque contrée qu'elle lui soit venue. L'invasion de la race arabe l'a peu ou point modifiée et en admettant, ce qui est loin d'être démontré, que celle-ci soit réfractaire, elle forme une minorité incapable d'avoir pu changer de façon notable le tempérament des Tunisiens.

Telles sont les conclusions auxquelles conduit l'étude du passé. Si on analyse la façon dont les descendants des anciens Libyens se comportent de nos jours, on trouve encore, auprès d'apparences qui feraient croire à une disparition complète de ces tendances, quelques indices qui donnent à penser qu'elles sont seulement cachées sous le voile du fatalisme musulman.

On sait avec quelle facilité les Tunisiens ont accepté notre protection. Notre expédition dans la Régence a été surtout une marche militaire à peine entravée par quelques velléités de résistance, inspirées d'ailleurs par des nations étrangères et vite réprimées. Et maintenant quelle tranquillité règne dans ce pays auprès des longues années de révolte qui ont suivi notre arrivée en Algérie ?

Voici ce que dit à ce sujet M Cagnat dans son beau livre sur l'armée romaine d'Afrique (p. 776) :

« La « paix romaine » n'a jamais été plus profonde ni plus assurée que celle dont jouit aujourd'hui l'Afrique du Nord ; à l'administration vénale des Orientaux nous avons substitué un régime plus élevé, fait à l'image du nôtre mais approprié aux besoins et aux habitudes des administrés ; la colonisation s'étend beaucoup plus au Sud, surtout dans la province d'Oran, qu'à l'époque de Septime-Sévère,........... l'agriculture a trouvé dans l'emploi des méthodes nouvelles que les indigènes mêmes adoptent peu à peu, des ressources inconnues jusqu'ici aux campagnes romaines. »

Avec quel faible effectif de troupes nous assurons l'ordre dans la Régence ! Les Romains avaient besoin d'une armée bien plus considérable. Orose raconte que lors de la peste dont l'Afrique souffrit à la suite d'une invasion de sauterelles et d'une disette, 30,000 soldats périrent à Utique (1). Ce chiffre est énorme auprès des quelques régiments que nous entretenons dans notre brigade d'occupation.

La façon dont, avant notre arrivée, un des beys de Tunis fit accueil à nos institutions et à nos nationaux, prouve que malgré le fanatisme de quelques Musulmans, l'esprit de la population était loin de nous être hostile. Le prince Ahmed bey, il y a environ trente ans, en donnant à notre pays, pour l'érection de la chapelle St-Louis, un territoire placé au milieu des ruines de Carthage, en appelant des officiers français pour dresser ses troupes, en confiant à des ingénieurs de notre pays l'exécution d'une carte de la Régence et la restauration de l'aqueduc de Carthage, en autorisant la fondation d'un collège où allaient les Musulmans et les Juifs, n'a-t-il pas fait preuve de l'esprit le plus ouvert et le plus tolérant ?

La population musulmane qui a vu sans révolte l'accueil fait par ce bey en 1845 au duc de Montpensier, et ultérieurement au duc d'Aumale et au prince de Joinville, celle qui a assisté à son voyage en France, n'a-t-elle pas montré une certaine largeur d'idées ?

De tels actes, en tout autre pays musulman, eussent suscité le plus grand mécontentement, et cependant le règne de ce bey a laissé les meilleurs souvenirs parmi ses sujets.

L'objection la plus grande que l'on ait faite à ceux qui croient à la malléabilité de la population africaine, c'est l'expérience peu fructueuse que nous avons faite en Algérie. Mais on a vu que les habitants des deux pays voisins ne sont pas les mêmes, et que la Tunisie possède plus que l'Algérie de ces descendants si souples des populations libyennes.

Il semble aussi que la méthode employée a été défectueuse, malgré un certain résultat qu'on ne peut méconnaitre.

Un des plus grands obstacles vient de la religion.

Ni le caractère absolu du christianisme, ni l'indifférence professée

---

(1) Cagnat, *loc. cit.*, p. xiii.

par beaucoup de Français, ne sont capables de pénétrer l'islamisme, qui est la plus intolérante des religions.

Quelque grand que soit cet obstacle, il n'est peut-être pas non plus infranchissable.

A l'intérieur de la Régence, la porte de la mosquée s'ouvre sans bien grandes difficultés devant le *Roumi* qui montre quelque déférence pour le culte de Mahomet. Tous ceux qui ont habité l'Afrique savent aussi le respect que les Musulmans ont pour le prêtre catholique.

L'expérience faite depuis quelque temps en Tunisie, n'est-elle pas là d'ailleurs pour nous montrer que la confiance de ses habitants peut venir à nous ?

Les gares encombrées les jours de marché, les offices postaux occupés dans des points où il n'y a pas un seul Français, ces écoles où les enfants, non seulement apprennent les rudiments de notre langue, mais où ils nous voient laborieux, actifs, bienveillants pour eux, tout cela ne jette-t-il pas dans les jeunes âmes un germe capable de développement?

L'établissement de ces écoles de tissage et de poterie à l'aide desquelles nous allons essayer de revivifier l'industrie, en réveillant chez les artisans un talent possédé à un haut degré par leurs prédécesseurs, est accueilli avec faveur par la population.

Je ne saurais mieux faire pour vous prouver le progrès accompli que de vous citer les témoignages des intéressés.

Voici l'opinion émise tout dernièrement, le 12 juillet, dans un discours prononcé à la distribution des prix du collège Alaoui, par un de nos compatriotes qui par leurs capitaux, leur travail, leur culture intellectuelle, contribuent le plus à développer la prospérité de la Tunisie :

« Les habitants de cette race, disait M. Terras, sont sobres et laborieux. L'élite de cette race a fait preuve, de tout temps, d'une rare intelligence et a montré des aptitudes sérieuses, aussi bien pour l'agriculture que pour la science et les arts......

» A cette race indigène, si douce et si honnête, sont venus se mêler nos colons français...... On veut encore hâter par des moyens moraux la prospérité du pays. Au lieu d'attendre de l'exemple seul la diffusion des notions nécessaires au progrès, on a recours aux ressources puissantes que l'instruction nous offre ».

Il nous est d'ailleurs impossible d'éliminer l'élément indigène, sous prétexte de colonisation. Il nous faudra pour peupler l'Afrique du

Nord, plusieurs siècles durant lesquels nous ne pourrons nous passer de sa main-d'œuvre.

Par ce que je viens d'exposer, je n'ai pas voulu prétendre que la population tunisienne actuelle accepte dès maintenant avec enthousiasme notre civilisation.

Moi-même qui, comme médecin et comme arabisant ai pu pénétrer bien avant dans la vie des indigènes, et qui au cours des fouilles que m'avait confié le Ministère de l'Instruction publique ai dû les commander, j'ai eu devant leur apathie, bien des velléités de découragement. C'est ce qui donnera peut-être quelque poids à ces réflexions. Mais ne trouverait-on pas dans nombre de nos populations rurales de France un esprit analogue, une méfiance vis à vis de l'inconnu, du nouveau, bien semblable à celle que manifeste le Bédouin vis-à-vis du nouvel arrivé ?

J'ai voulu soutenir seulement ceci que la majeure partie de la population qui habite la Régence, descend non pas des races qui ont été constamment en révolte contre Rome, mais de celles qui ont accepté avec la plus grande facilité les civilisations romaines et phéniciennes.

Cette malléabilité doit donc faire partie du fond de son tempérament et elle n'a pas plus disparu que le caractère anthropologique. Plusieurs indices nous permettent même actuellement d'en soupçonner l'existence. Le tout est de trouver les moyens de réveiller ces aptitudes sans porter ombrage au tempérament religieux de ces peuples, et, par une éducation appropriée et sans brusquerie, de les préparer à prendre part au grand mouvement de progrès qui agite l'univers.

Il ne m'appartient pas de rechercher ces moyens, mais je puis constater que l'expérience entreprise, avec beaucoup de prudence, en Tunisie, paraît dirigée dans un sens favorable.

Je terminerai en envoyant une parole d'encouragement à ceux qui essayent, de l'autre côté de la Méditerranée, de résoudre ce grand et difficile problème. J'ai voulu par ce qui précède leur montrer que le peuple sur lequel ils cherchent à agir est celui qui, sous l'impulsion des anciens, est arrivé à un si grand degré de prospérité et de bonheur.

Ce qui a été réalisé autrefois pourquoi ne pourrait-on l'obtenir aujourd'hui ?

J'ai voulu enfin, par cet exposé, m'associer dans la mesure de mes forces, à ce grand et très louable effort que tentent là-bas nos compatriotes, pour rendre au monde civilisé un des coins les plus riches, un des ciels les plus beaux de notre globe.

www.ingramcontent.com/pod-product-compliance
Lightning Source LLC
LaVergne TN
LVHW051151060726
842526LV00006B/2327